# 急ごう介護の国際化を

## ―笹山周作の果敢な挑戦―

編集者　塚口伍喜夫・野嶋納美
イラスト　福永真里

大学教育出版

# 急ごう介護の国際化を

――笹山周作の果敢な挑戦――

目次

## 【プロローグ】

現在、介護福祉現場は人材不足で危機的状況に陥っている。この人材不足は、要介護状態で支援を受けている高齢者の命にかかわる深刻なものである。この状態は一過性のものではなく、今後一層進行するものと予想され、まさに高齢者の危機である。

笹山周作氏と対談者の塚口伍喜夫らは、高齢者の現在並びに予想される将来が介護難民となり巷に溢れることになるのではないかと予想し、『日本を棄老国家にするな』（2020／大学教育出版）で警告した。わが国を棄老国家にしないためには、まず国会議員がその危機意識を与野党問わず共有し、高齢者介護の堅固なシステムを構築することではなかろうか。

その一方で、現実的対応として介護現場の人材について、国際人材の導入も含め、その体制を創りあげる努力をすることが必要であろう。

ここに登場する笹山周作氏は、このままでは日本は棄老国家になるのではないかと警鐘を鳴らしつつ、海外からの介護人材を導き入れる活動を先頭切って進めている一人である。

今回は、塚口との対談を通してその状況を紹介し、高齢者介護サービスを提供している社会福祉法人等の経営の参考に供したい。

付言すれば、

笹山周作氏は外国人介護人材受け入れの４制度で実際に経験したことを通して社会福祉法人経営者、主として介護サービス提供施設を経営している社会福祉法人経営者に強く訴える場としたい、という思いがある。

（塚口伍喜夫）

**【人材不足への予感】**

**塚口**：笹山さんは、介護現場がとんでもない人材不足に陥るのではないかと予感され始めたのはいつ頃からですか。

**笹山**：兵庫県社会福祉協議会福祉人材センターが、福祉人材フェスティバルを毎年開いています。そこへ、社会福祉法人がそれぞれ紹介ブースを設けて就職を希望する人たちに自らの法人の特徴や仕事内容、待遇状況などを説明するのですが、以前は、行列ができるほど求職者がブースに集まってくれましたが、10年ほど前からその状況に変化が出てきて、まったく求職者が集まらないブースが増えてきました。その最大の原因の一つは、以前あるテレビ局の番組で「介護の仕事は重労働で低賃金で結婚もできない」といった報道をしたことが引き金になったと思っています。その番組は介護現場の低賃金の実態などを訴える目的だったと思いますが、その趣旨に反して「介護サービス提供施設は就職するところではない」といった風評が広まったからだと推測します。マスメディアの報道は問題提起するだけで終わりです。その影響がどのように出て、介護現場がどのように受け止め、人材の流れがどう変わったかなどの後追いはしません。泥水をひっかけてそれでおしまいです。

日本人の介護職員はなかなか集まりません。そうするといきおい、外国からの人材を求めざるを得ません。

外国からの人材の受け入れは、最初はシブシブといった消極的なものだと思いますが、この消極的な受け入れは、受け入れ側、受け入れられる側の双方にとって良い結果をもたらさないと思います。外国からの人材を育て立派な介護スタッフとして役立ってもらう、その方向で努力することが大切だと思います。

# 第1部　外国人受け入れ開始と受け入れルート

**【最初の受け入れはＡ国から】**

**塚口**：最初の受け入れはＥＰＡルートでＡ国から受け入れることになりました。このいきさつについてお話しください。

（注）ＥＰＡとは、Economic Partnership Agreement の略で、協定締結国・地域間で取引する商品の輸出入関税を低減・撤廃することや人的移動のルールなどより幅広い分野にわたって取り決めをする協定のこと。

**笹山**：ＮＰＯ法人福祉サービス経営調査会で、Ａ国からの人材を受け入れるためのキッカケを探ろうと、調査団を派遣することになりました。それは２０１４年11月のことでした。当時、このＮＰＯ法人の理事長であった塚口さんから私が団長で取り仕切るように指名され、13人の社会福祉法人関係者とＡ国へ行きました。

**塚口**：笹山さんはかつて会社経営をされていて、ビジネスの勘は鋭いものがあります。仮に私が団長で行っても何も得るものがなかったと思います。笹山さんは、A国のS市の老人ホームや送り出し機関を調査し、人材の受け入れルートを見定めてこられました。さすがです。

**笹山**：塚口さんが言われた通りですが、その時はEPAルートのことについては十分な理解があったとは言えません。

帰国後EPAについて調査をし、これを進めるなら、A国の事情に詳しい日本人を見つける必要があることも実感しました。そして、A国調査の際に知り合った日本人技術者Eさんにコンタクトをとり、この事業を手伝っていただくよう段取りをつけました。Eさんは工業技術者でA国に在住されていて奥さんはA国の人でした。日本の神戸市西区にも住宅があるということで条件も合いました。

その後、現地に何回か足を運び、良い人材を日本に招き入れるための事業を進めました。その結果として、２０１６年からこのＥＰＡルートを通して、Ａ国から48名の人材を3年にわたって受け入れることができました。これが外国人人材受け入れの最初です。

## 【受け入れの国を広げる】

**塚口**：笹山さんは、実弟の笹山勝則（あらた監査法人の代表社員で公認会計士として国内外で活躍されていた（今は故人））さんの助言で受け入れ国を広げられました。その経緯と、それをどう実行されたのかをお話しください。

**笹山**：ＥＰＡルートを最初に始めましたが、日本から社会福祉法人が50法人くらいＡ国のＨ市に行きました。Ａ国のＥＰＡ生は１８０〜２００人くらいです。面接は1日だけの面接（60〜70人）ですが、ＥＰＡ生を欲しい社会福祉法人の募集人員は、５００〜６００人を最低必要としました。そして法人を選ぶのは相手サイド（ＥＰＡ生）です。これでは、姫路の田舎に来てくれないと思い、弟に相談をしました。

弟は公認会計士として国際的にも活躍していました。そのつながりでＢ国からの人材を検討してみたらどうかという助言を受け、Ｂ国在住の日本人の公認会計士を紹介してもらい、そのルートを真剣に検討しました。ところが、この人材受け入れは社会福祉法人やＮＰＯ法人ではだめだということが分かりました。協同組合でないと受け入れ監理団体としては認められないということでした。そこで、この事業に賛同する社会福祉法人を募り協同組合を設立しました（２０１８年６月29日）。名称は「くすのき介護福祉事業協同組合」としました。この最初の協同組合設立の時は塚口（今回の対談者）さんと野嶋（今回の編集者）さんに協力していただき、但馬や神戸の社会福祉法人を訪問しました。このことは私の記憶に強く残っています。組合員の募集や申請書類等に苦労しました。

（注）ところが、技能実習生の受け入れは協同組合のみと言っていた国は、2019年に兵庫県が技能実習生の受け入れを表明し、監理団体を社会福祉法人兵庫県社会福祉協議会にしたいと表明すると、国はいともあっさりとこれを承認したのです。「弱きをいじめ、強きに届する」見本です。

協同組合には、8つの社会福祉法人と1つの企業法人が参加してくれました。このルートを通して現在B国とD国から人材を迎え入れています。

**【受け入れルートも広げる】**

**塚口**：笹山さんは、受け入れ国を1か国にせず2か国3か国と広げてこられました。これについての現時点での評価は後程いただきたいと考えますが、この受け入れルートは**EPAと技能実習生ルート**の2つです。今後どんなルートを増やそうとしておられるのか伺いたいと思います。

**笹山**：受け入れルートには**EPAと技能実習生ルート**の2つを活用してきました。そのほかに**特定技能生受け入れルートと介護専門学校生ルート**があります。

まず、**介護専門学校生ルート**ですが、介護専門学校に入学している学生は困窮状態にある人が多いです。日本の介護専門学校に入学するためには日本語学校へ留学するまでの現地で支払う費用、入学したのちの日本語学校の授業料、介護専門学校の入学金プラス授業料と、日本円に換算しても２００万円以上を費やしています。このほとんどが借金だと思われます。これを働きながら返すつもりなのでしょうが、学生は週28時間しか働けない決まりです。これで借金が返せますか。だから闇労働で働き、日本語学校および介護専門学校は「学び」ではなく「休息」の場になっているように推測します。ですから、留学生を受け入れる介護専門学校では留学生のスポンサーを探します。現に私が理事長である社会福祉法人にもそうした依頼が来ます。留学生のスポンサーになれば、その留学生の入学金・授業料などを奨学金貸付として負担します。そのお金は、卒業後5年間働くと免除となります。そして卒業後は正規職員として働きます。卒業しても時には、介護福祉士の国家試験に合格しない場合もあります。

次に、**特定技能生として受け入れるルート**です。このルートは、２０１９年４月に施行されました。この制度は、社会福祉法人（非営利法人）または営利法人が日本に来る外国人と直接雇用契約を結ぶことができます。この特定技能生は介護分野だけではなく14の産業分野にまたがりますが、ここでは介護福祉分野に焦点を当てて話を進めます。

　特定技能生は日本語能力検定Ｎ４合格と、介護技能評価試験および介護日本語評価試験の合格を必要とします。この求められる能力は、簡単な会話程度の能力です。この能力は日本へ入国する際の必須条件です。

（注）Ｎ４では、主に教室内で学ぶ基本的な日本語が理解できる程度です。
Ｎ３は、日常的な場面で使われる日本語をある程度理解できる程度です。

N2は、日常的な場面で使われる日本語に加えてより幅広い場面で日本語を理解できる程度です。

この特定技能生については、私が立ち上げた「くすのき介護福祉事業協同組合」のリーフレットで詳しく説明していますので、巻末の参考資料を参照下さい。

**【受け入れ側の費用負担】**

**塚口**：外国人人材を受け入れる場合、どの程度の経費が掛かるかは、受け入れ側にとっては最も関心のあるところです。この経費は、受け入れルートによって変わると思いますが、笹山さんは、この経費の内容、負担額などについてどのように考えておられるかお話しください。

**笹山**：7年前からEPAによるA国からの人材を受け入れています。この事業のコーディネートは国際厚生事業団です。私の法人（社会福祉法人ささゆり会）では48人受け入れました。そのほか技能実習生ルートで19人、特定技能ルートで17人、介護専門学校ルートで5人です。

（注）各ルートの受け入れ職員の「給与等一覧表」と「法人負担額」は巻末の参考資料を参照下さい。

**EPAルート**は国際厚生事業団が日本の受け入れ窓口になっていて、A国、B国、C国の3か国から毎年500～600人を受け入れています。このルートで受け入れると、日本の正規職員と同じ条件（給与、福利厚生）での雇用が求められます。そして国際厚生事業団には1人につき年約15万円の支払いが求められます。その金額を使って学習に必要な費用等は支出できます。

私の法人では、それにプラスして家賃補助（月額1万5、000

円)、電化製品等の無料貸し出し、自転車の無料貸し出しを行っています。加えて、日本語の先生に来てもらっての授業(現在はZoom使用)、そして日本人の職員なら確定拠出年金を法人が掛けますが、外国人が60歳になってから受け取りに日本に来ることはできないと思い、私の法人では退職金として、日本人の掛け金と同じ額を辞めるときに支給するようにしました。さらに、介護福祉士受験テキストの無料配布、毎週行う介護福祉士国家試験の受験対策講座の無料受講、模擬試験の実施などの支援を行ってきました。

にもかかわらず、ささゆり会で働いていたA国の人は介護福祉士の資格を取得したら、10人全員が同時に母国へ帰るか給料の高い東京、大阪へ行ってしまいました。在職期間は3年10か月です。これでは施設運営はできません。介護分野での同時に多数の人の退職はユニットを閉鎖しなければならなくなります。利用者に与える影響は甚大です。

塚口：笹山さんが彼らに対してこれ以上できないくらいの支援をされてきたのに、介護福祉士の資格を取得したら揃って辞めていった。これには、いろいろな理由があると思いますが、どう分析しておられますか。

笹山：私は渾身の支援をしてきたつもりですが、これにはびっくりしました。その理由についてはいくつかあります。

その一つは、価値観の違いです。私は彼らが介護福祉士の資格を取り、将来にわたって日本で働いてくれる、と思っていました。その期待は彼らには理解されなかった。彼らは目先の利益を追い、中・長期的な視点で人生設計を考える視点は持ち合わせていなかったと考えます。

その二つは、彼らは「村社会」を作ります。Ａ国の人同士が横につながり、緊密な情報交換をＳＮＳで日常的に行います。この情報交換

によって行動を決めるのではないかと推測します。社会福祉法人経営者は、そんな緊密なネットワークは持ち合わせていません。だから彼らの行動や価値観についていけないのです。外国人労働者を受け入れる場合、法人経営者も横につながる方途を持つ必要があると感じました。

その三つは、以前出て行った者が手引きをして誘います。施設や利用者のことは一切考えていません。こうなれば彼らが一日も早く、私どもの価値観を理解し、私どもも彼らの価値観を理解し、それらを共有しながら仕事を進められるよう期待するしか道はありません。

**塚口：**技能実習生ルートについてお話しください。

**笹山：技能実習生ルート**についてです。

「くすのき介護福祉事業協同組合」を作り、これは受け入れと監理をする役割を担うのですが、ここを通して受け入れます。B国に５回も足を運びました。現地で来日希望者に面接をし、採用者を決めてから、その採用者に現地で日本語の教育をするという仕組みです。来るまでに約１年かかります。この仕組みには正直驚きました。このルートでコロナ蔓延前に35人、コロナが下火になった２０２２年６月には35人が来日しました。５人は生活苦のためにダメになりました。２０２２年の来日者は、面接をしてから2年以上が経過しています。その間、日本語を勉強した者とそうでない者とでは、日本語能力に大きな差が生じます。ほとんどの者はこの間勉強をしていませんでした。これからが大変です。

技能実習生は自国の送り出し機関に日本語教育、寮の費用等のお金を支払います。A国は１００～１５０万円、B国は20～30万円です。そ

れに加えて、日本の監理団体（具体的には「くすのき介護福祉事業協同組合」）から毎月技能実習生1人につき送り出し機関に7、000～8、000円を支払います。さらに、受け入れた日本の社会福祉法人に費用負担を求めてきます。1人約20万円と航空機代です。

技能実習生はパート扱いなので時間給です。世界から批判されているのは他の業界では最低賃金しか支払わず、サービス残業が多く、現在働いている法人を替わることができないということです。介護業界では技能実習生は、1年以上の勤務経験を積まないと夜勤ができませんし、服薬介助もできないため、雇用できる人数には制限があります（最初は常勤職員の10分の1）。提出書類が多く監査も多い。こんな制約が多くつくシステムは、介護現場には不向きです。

**塚口**：介護専門学校ルートについてお話しください。

**笹山：介護専門学校生を受け入れる**について は、すでにお話しした通りです。

介護専門学校生の授業料・その他の経費を受け入れ法人が負担する青田買いに近い方法で介護職員を確保するルートですが、このルートで得る人材が優秀かどうかは分かりません。日本語学校に留学するまでの費用（50～100万円）を支払うために闇労働に奔《はし》らざるを得ず、学校は休息の場となり、十分な教育を受けたとは言えないからです。その後介護の専門学校への入学となります。介護専門学校の授業料は、受け入れ法人に頼らざるを得なくなります。採用者は卒業後、正規職員として待遇することになります。

このルートで要る経費は、兵庫県の場合、兵庫県社協からの奨学金168万円（この奨学の条件として、卒業後5年間兵庫県内の介護施設で働くことが求められる）がありますが、それ以外に入学金プラス学校経費が2年で192万円＋αとなります。私の法人では120万円

の奨学金の貸し付けを行います。ただし5年働けば免除です。

塚口：では、特定技能生のルートと所要経費についてお話しください。

**笹山：特定技能生の受け入れルートは、次のようなものです。**

特定技能制度の法律ができたのが2019年です。もしこの法律が早くできていれば、この制度を利用していたと思います。特定技能生は、5年間日本で働くことができ、日本の非常勤職員の労働者と同じ条件であることが前提となっています。月給制ですので、私の法人では嘱託職員としています。この制度は一定の条件を満たせば、介護職員として来日できるということです。その条件とは、日本語能力検定N4を取得し、介護技能評価試験と介護日本語評価試験に合格することです。この条件を満たせば直接受け入れ法人と契約することができ

るのですが、実際は、受け入れその他の手続きをする登録支援機関を通じてということになります。相手国が行う日本語教育費等を含め、紹介送り出しの法人への支払いとしておよそ次のような額です。本人負担が20～30万円と受け入れ法人が支払う金額20～30万円ということになります。しかし、私が経営する社会福祉法人は相手への支払い（B国からの特定技能生は約40万円、D国からの特定技能生は約60万円）のみです。送り出し機関には毎月の支払いはいりません。この措置は、本人負担を軽減して、介護の仕事に打ち込める環境を整えるためです。この制度で２０２２年５月にはD国から26人、６月にはB国から７人を受け入れております。

介護福祉士の国家試験に合格するには、介護経験が３年必要です。受験は日本人と同じです。特定技能生は、日本語能力Ｎ４で日本に来ています。これをＮ２に引き上げる努力をしなくてはなりません。そして、介護福祉士の国家試験合格を目指すのです。このための勉強は大変です。毎日２～３時間、休日は４～５時間の勉強が求められます。この勉強の支援も受け入れ法人の「義務」になると思います。介護福祉士の資格を取得し、在留資格（介護）を取得すれば日本にいつまでも住むことができ、また本国に帰っても高い給与で働くことができます。このように大きなメリットがあります。これを目指すモチベーションを特定技能生に持ってもらうことが大切です。そして日本では介護福祉士に合格するまでのシステムはでき上がっていますが、相手国の機関がどうかということです。これらを新しいシステムで、満足のいくように推進するプロジェクトを立ち上げたいと考えております。

ここからお話しすることは、その一部は前項でお話ししております

が、ここで改めて整理し提起したいと思います。これが次のステップです。

現在は、相手国の日本語学校で学び、その国の送り出し機関を利用しています。これは経費が多くかかり効果も上がりません。例えば、相手国の日本語教育は、相手国の講師が担います。下手な上、機微に通じた日本語を教えることはできません。送り出し機関の手数料も馬鹿になりません。

私は特定技能生のルートでの採用が最も良いと考えますが、次のような改善が必要です。それは、日本語教育には日本人が当たるようにします。そうしないと日本語の助詞の使い方がうまくなりません。外国人が教えた日本語ですから仕方ありませんが…。そして送り出し機関も利用しません。

これらの外国人に来てもらって働いてもらうのに、送り出し機関等がいつも問題を起こしています。よってそれを無くすシステムを考えることが大切です。

---

（注）送り出し機関は、特定技能生を送り出せば、その後のことは一切無関係です。しかし、受け入れる我々は、受け入れた時が始まりです。そして責任が伴います。日本語の勉強、介護福祉士受験のサポート（必ず、介護福祉士の資格は取得してもらう）、介護の仕事、日常生活の支援の一切などです。

技能実習生・特定技能生の受け入れの場合、面接をすると母国へ10万円送りたいと希望する人が最も多かったのです。この処遇内容を決める際、月に10万円は手元に残るように設定することが大切です（巻末の参考資料「雇用契約書」を参照下さい）。

これについて、次表で例示します。

（単位：円）

| （収入の部） | | （支出の部） | |
|---|---|---|---|
| 月収 | 200,000 | 健康保険 | 10,130 |
| （特定処遇改善手当・ベース | | 厚生年金掛け金 | 18,300 |
| アップ補助金を含む） | | 雇用保険料 | 600 |
| | | 所得税 | 3,730 |
| | | 家賃 | 20,000 |
| | | 食材料費 | 24,000 |
| | | 電気・ガス・水道 | 10,000 |
| | | Wi-fi | 1,300 |
| | | **残額** | **111,940** |
| | 200,000 | | 200,000 |

（注）家賃補助、電化製品一式、パソコン、ベッド、机、イス、自転車等無料貸し出しを行っています。

以上を踏まえて、新しいプロジェクトを進めたいと考えています（第4部で提示）。これも挑戦です。特定技能生を受け入れる新たなシステムが稼働するようになると、特定技能生、受け入れ法人の双方にとって有益なものになると考えています。

# 第2部

# 受け入れルートの評価

## 【どのルートを選択するのが適切か】

**塚口**：第1部では「外国人受け入れ開始と受け入れルート」についてお話を伺いましたが、笹山さんとしてはどのルートでの受け入れが現段階では最適かについて改めて意見を聞きたいと思います。

**笹山**：**EPAルート**を通してA国からの受け入れを進めてきましたが、このルートが最良と言えない理由がいくつかあります。

その一つは都会の社会福祉法人は、給料も高く、都や市の補助金も多く条件が良ければ来てもらえますが、田舎の社会福祉法人には来ません。特に姫路市は補助金は、1円も有りません。このシステムは、外国人とっては良いシステムかもしれませんが、田舎の受け入れ法人にとっては、誰も来てくれないシステムです。

その二つは、このルートは1か国から受け入れる人数の上限が全国で年間１８０人～２００人程度です。そして３か国のみで少ないのです。これでは需要に追い付けません。ですからこの人数を多くの社会福祉法人が奪い合うことになります。どうしてこんな制限を掛けるのか分かりませんが、このルートに頼る限り、いつまで経っても外国人の充足はできません。

次は、技能実習生としての受け入れルートです。このルートも問題があります。

その一つは受け入れ側の定期的な書類作成と毎月の受け入れ法人への監理団体の訪問です。こんなに多くの訪問と書類を作成させては、受け入れ側を困らせるだけです。そして服薬介助ができないので、ユニット型の施設の夜勤の時はどうするかという問題が生じます。技能実習生は、母国で看護師等の医療系の資格を持っていますが、特定技能生は医療系の資格がないのに服薬介助ができます。

その二つは、受け入れ人数の制限です。初年度は受け入れ法人の常勤職員の10分の1を超えてはならないのです。常勤職員が50人ですと技能実習生は5人しか採用できません。こんなふうに見てきますと監督官庁は、外国人受け入れの事業をアレコレ制限するところであり、受け入れ事業を支援するところではないと思いたくなります。

三つめは、**介護専門学校ルート**です。

まず、一つの問題は、日本語学校に入学するための費用や授業料の支払いでアルバイトをしなければならなくて、日本語の勉強時間がありません。そして介護専門学校に入学した学生の多くは、学校費用の負担や自分の生活のためにアルバイトに多くの時間を費やさなければならないし、学校での勉強もたくさんあり、たいへん気の毒な状況であると思います。

二つめの問題は、入学時の社会福祉法人などが支援し、介護専門学校へ行きますが、その人の能力や性格や勉強の状況が、受け入れ法人には分かりません。

四つめは、**特定技能生として受け入れるルート**です。

私は、このルートでの受け入れが現在では、最も適当ではないかと評価しています。

その一つ目の理由は、このルートは最も自由度が高いのではないかと考えるからです。日本で介護職員として働きたいと希望する外国人は、日本語能力検定N４と介護技能評価試験と介護日本語評価試験に合格すれば、日本の受け入れ側（社会福祉法人、営利法人）と直接契約を交わし、それが成立すればＯＫとなります。

二つ目の理由は、受け入れ人数は、常勤職員と同じ人数を受け入れることができます。ＥＰＡは国全体で年間５００～６００人程度という上限があります。技能実習生ルートは、受け入れ法人の常勤職員の10分の1以下という制限があります。

私は、社会福祉法人が外国人を受け入れるルートとして、この特定技能生ルートを選択されることをお勧めしたいと思います。

---

**塚口**：さて、第3部では受け入れた外国人介護士に対して日常的にどんな支援をするか、この支援の如何によって彼らのモチベーションは違ってくると思いますが、その支援の中身をより具体的にお示しいただければと思います。

# 第3部

# 外国人介護士に対する支援内容について

【日本語習得支援について】

笹山：日本にやってくる人のほとんどはN４の実力です。私は、彼らが日本に到着後7～10日くらいで日本語のテストを行います。そのテストで実力を確認し、その実力によってクラス分けを行います。２A、２B、２C、３A、３B、３Cのどれかに分かれてもらいます。

技能実習生はN３の取得が2年後に必要になりますので、N４の人は週2回の勉強を行います。その2回のうち、1回は自らの休み時間を利用し、あと1回は勤務時間を充てます。EPAルートの人はすべて勤務時間に行います。1クラス5～10人で8クラス作っております。コロナ禍ではZoomで行いました。そのパソコンは法人が無料で貸し付けたものです。

勉強内容の一つ目は、介護現場でコミュニケーションをとるための会話の練習です。

二つ目は、日本語能力検定N2・N3取得のための勉強です。語彙、文法、読解、聴解を教えます。国内で年2回実施のJLPT（日本語能力検定試験）合格を目指しながら、最終目標は介護福祉士国家試験合格です。

費用は、週1回クラスで5、500円（消費税込み）、週2回クラスは8、800円（消費税込み）ですが、全額法人負担です。N2取得までサポートします。

最初の2～3年は日本語の習得がとても大切です。仕事にも生活にも必要だからです。この学習のサポートは国や県、市町村が行うべきだと考えますが、実際はまったく支援がありません。政府が外国人材の受け入れを真剣に考えるのであれば、日本語の習得、日本の文化、日本の習慣などの学習支援を積極的に行うべきです。

塚口：日本語教育では、その教育の中に高齢者とのコミュニケーション技術などを盛り込んだ教育を進めておられる様子がよく分かりました。続いて、介護福祉士国家試験への対策について、実際に行っておられる中身をお話しください。

## 【介護福祉士国家試験の受験対策について】

笹山：受験対策はN2ないしはこれに近い実力があれば、この対策講座に参加させます。この講座は1と2に分けて行っています。私は、講座2を担当しています。講座1は、私の部下の鈴木が担当しています。社会福祉法人ささゆり会でオリジナルテキストを作成して、それをもとに進めています。このテキストはB4サイズ2分冊で合計400ページくらいになります。

講座は毎年3月からスタートし、12月までの期間です。講座1は、テキストをもとに出題範囲をゆっくりと分かりやすく説明して学びます。講座2は模擬試験とその解説が中心です。毎週土曜日の午前8時から正午までの時間で模擬試験問題20問を出し、点数を競うようにしています。その後解説とテキストを読みます。11月中旬からは朝8時から午後5時まで本番と同じように125問の試験を行います。これを私は無報酬で行っています。余談になりますが、私の印象ではA国の人は受験のテクニックが優れています。択一問題ですので、どれが正しいか文章から読み取る力が必要です。A国の人は日本語の会話力や文書作成能力は劣りますが読解力とテスト対応力は優れています。

**塚口**：受験対策支援も大変な労力が要りますね。その取り組みをボランティアとして笹山さんは続けてこられています。考えてみれば、複数法人が参加してよい事業ですね。

続いて、日常生活支援についてお話しください。

## 【日常生活の支援について】

**笹山**：まず、最初にすることは、自分の印鑑を作り、住民登録、健康保険、年金の手続きを行い、銀行の通帳を作ることです。

生活支援については、お金のことが心配で、お金を持ってこなかった人には無利息で10万円貸します。その返済は10か月間に毎月1万円ずつ返してもらっています。そして入国後すぐにコロナワクチンを打つようにします。D国からの来日者は中国製のワクチンを打っていますが、ファイザーかモデルナのワクチンを打つようにします。そして健康診断をできるだけ早く行うようにしています。ときに結核を患っている人がいるからです。

社会福祉法人ささゆり会では、外国人介護職員の福利厚生の一環として職員寮を2棟建てました。この建設については国の補助がありま す。現在は34人が利用しています。２０２３年には3棟目（20人利用）を建てる計画です。ほとんどが2ＤＫ（45平方メートル）で、自分の部屋（6～7畳）があり、キッチン、風呂、トイレが共用となっています。家賃は1万5、０００円から2万円（自己負担）です。ワンルーム（28～34平方メートル）の場合は2万5、０００～3万円です。公的な家賃補助がありませんので、これ以上安くすることはできません。洗濯機、冷蔵庫、エアコン、炊飯器、電子レンジなど、生活に必要な電化製品はすべて新品を買って無料で貸し付けています。自転車、ベッド、机、椅子、パソコンなども無料で貸し付けています。日常生活で使用する箸、スプーン、茶碗、鍋などは自己負担です。

病気、事故などへの対応については、技能実習生・特定技能生には医療費（一部例外はある）の自己負担をしなくてもよいように、法人が保険に入っています。3年間の保険で25、000円を法人が負担しております。

**塚口**：生活支援だけでも大変ですね。こうした支援がどこの社会福祉法人でもできるとは思われませんが、外国人人材を育成し将来立派な介護福祉士として活躍してもらうためには受け入れ側は相当な覚悟をもって当たらなければならないと感じました。また、外国人人材を「即戦力」にするためにも頑張らなくてはならない。この辺りの機微について教えてください。

## 【N4の技能実習生、特定技能生を即戦力にするために】

**笹山**：N4で日本に来た人たちをN3以上の能力に引き上げなければなりません。N4でもN3に近い能力の人やN5に近い人がいますので、この能力を見極めるためにテストをしています。Ｎ２の問題、Ｎ３の問題、Ｎ４の問題が入ったテスト１００問を30分間で行います。Ｄ国から来た26人全員に実施しました。結果、１００点満点で70点から10点までの人がいました。50点以上の人は介護福祉士の国家試験に合格させる自信がありますが、10点の人は難しいと思います。介護専門学校を卒業して国家試験に合格できない人は日本語能力の問題が大きいと思います。介護の仕事は、コミュニケーション能力がなければなりませんからテストだけでは判断できませんが、テストも評価基準の一つだと思っています。

　私見を申しますと、Ａ国の人は５・６年たっても日本語の会話能力はあまり上達しません。原因は２つあると考えます。一つは、Ａ国の言葉と日本語の言葉の変換の問題だと推測しています。二つには、ＳＮＳでＡ国の人同士がつながっていますが、Ａ国の言葉でのやり取りで日本語は使いません。

私は、彼らが自宅で勉強するときはスマホの電源は切り、勉強に集中することを指導しています。こうした努力の結果、2021年は12人中10人、2022年は13人中12人が合格しました。次の年には不合格だった人も合格しました。日本人より合格率はダントツに高いです。

にもかかわらず、2022年の7月、10人が一度に辞めました。とても残念です。この詳細についてはすでにお話ししましたのでここまでとします。

**塚口**：介護現場に外国人を受け入れ、介護戦力にするためには、雇用者は様々な支援をしていく必要性があると強く感じました。笹山さんのご奮闘に頭が下がります。

# 第4部

# 介護福祉の国際化を図る準備を整える

塚口：今までの対談の中で、介護福祉現場を日本人だけの介護スタッフでまかなうのは困難な時代になったことを実感しました。アメリカにおいても、多くの介護スタッフは英語圏以外の国の人が雇用されていて、サービス利用者との意思疎通が十分にできない状況も生まれていま す。日本もそうした状況を引き起こさないために、早くから準備をしておくことが必要かと思われますが、その動きのテンポは緩慢です。介護福祉の業界団体も緊迫感が見えません。

笹山さんは、この状況をどう捉えておられますか。また、介護福祉事業を背負っている社会福祉法人は、どう対処すればよいかなどについてお話しください。

## 【経営者の意識改革を】

笹山：多くの社会福祉法人経営者の経営意識はちっとも変わっていません。

そのうち何とかなるだろう、国が良い手を打ってくれるだろう、などと口を開けて待っていても事態は打開できません。

　私は産業界からこの社会福祉業界に参入しましたが、法人経営者の経営意識はのんびりしたものでした。今日に至るも同じです。昔、厚労省の役人が「社会福祉法人の経営者は、1階が火事になっているのに2階でドンちゃん騒ぎしているようなものだ」と言ったとか言わないとか聞いたことがありますが、言い得て妙です。

　こうした状況は、介護福祉の危機的状況を感じ取っていない証拠だと思います。全国経営協や老人福祉業界団体は、経営者の意識改革を図る手立てを早く講じる必要があります。

　この意識改革は、経営部分だけではなく招き入れる国の状況、文化、風習、価値観、宗教観などに一定の知識を持っておく必要があります。これも経営要素の大事な一つですかね。

**【外国人介護人材受け入れの諸準備を】**

**塚口**：笹山さんは受け入れる人たちの住宅、生活用品、電化機器などを準備し、日本語教育、介護福祉士国家試験の受験を進めるなど、その受け入れ環境を整えてこられましたが、こうしたバックアップはどうしても必要ですね。

**笹山**：日本に来た人たちが好感を持って「この仕事で頑張ろう」と思ってくれる環境を創ることは、受け入れ側の責務だと思います。日本の介護現場で働くことに、好感を持ってもらえるかどうかが今後の勝負どころだと思います。もう10年もすれば、こうした人材は中国・韓国に流れると思います。そのことも頭の隅においてこの事業を進めていきたいと考えています。

**塚口**：短時間の対談でしたが多くのことを教えていただきました。日本の介護現場を守り、介護サービスの質を落とすことなく、日本の高齢者の福祉に貢献し続けていただくことを期待しております。

　最後に、日本の社会福祉法人経営者に訴えるとすれば、何を強調されますか。

## 【社会福祉経営者に訴える】

**笹山**：今は、外国人介護士を受け入れることに躊躇《ちゅうちょ》している時ではないということです。私のこの呼びかけに応えていただきたい。

　私は、将来、現在の技能実習制度と特定技能制度は、特定技能制度に似たものに一本化すると思います。そして送り出し機関を通さなければならない制度は、廃止すべきだと思います。介護においては、外国人の特定技能の人に対して市からの補助金がない市には、外国人は誰も来なくなります。たくさんの補助金のある大都市に集中します。

介護分野においては、日本語の勉強がとても大切なので、最初の2年間の語学補助制度を政府は設けるべきです。給料については、日本人の正社員と同じ給料にしたいのですが、登録支援機関に支払う費用や飛行機代、電化製品の無料貸し出し、家賃補助等がありますのでその分を引いた金額の支給が良いのではと私は思います。パートの時間給の最低賃金の支給のみでは技能実習生にはお金は残りません。技能実習生の給料から税金、保険料、光熱水費、食材料費等のすべての費用を引いて毎月10万円以上残るシステムでないと、日本に来て母国にお金を送ることができません。そして貯金もできません。これは特定技能生の人も同じです。

5年滞在して、介護福祉士の資格取得を取得するシステムが必要だと思います。介護分野においては、日本のラグビーの「ワンチーム」

が良いと私は思っています。介護をしたい外国人にも来てもらって介護のワンチームを作ることが介護の質を高めていくことではないかと思っています（日本人だけでは質の良い介護はできません）。少子高齢化は、今となってはどうにもなりません。それと同じように10年先は、誰が介護をするのかという問題が起きます。働いている人の介護離職はますます高まり、現在の少子化と同じよう手遅れになります。今、働いている人の介護離職が起こらないシステムを考える最後のチャンスではないでしょうか。

特定技能生のルートが最も適切ではないかと申し上げました。ただし１つだけ問題があります。それは、本人が介護の仕事に向いているかということです。今後、国際化を進める法人で国際化推進協議会（仮称）を結成し、情報交換と共同事業を進めるようにしたいと思います。この点での社会福祉法人側の横のつながり（ネットワーク）が弱いために、ずいぶん損をしているように思います。

ぜひ、**この事業に参画されることを強く訴えます。**

## 【エピローグ】

2023年2月4日、関空からシンガポール経由でジャカルタに到着し、ジャカルタから高速道路を車で約5時間走り、バンドンに到着しました。それからタシクマラヤは、バンドンから車で山を越えて約5時間掛かりました。今回、看護大学と高校を合わせて7校訪問しました（57・58頁を参照）。インドネシアの人口は、現在2億7、500万人で若年層がとても多いです。今後、インドネシアから多数の介護士が日本に来るのは間違いないかと思います。インドネシア人は、介護に必要な優しさの素質があります。

バンドンの大学でのスピーチ

タシクマラヤの看護大学でのスピーチ

専門学校でのスピーチ

# 参考資料

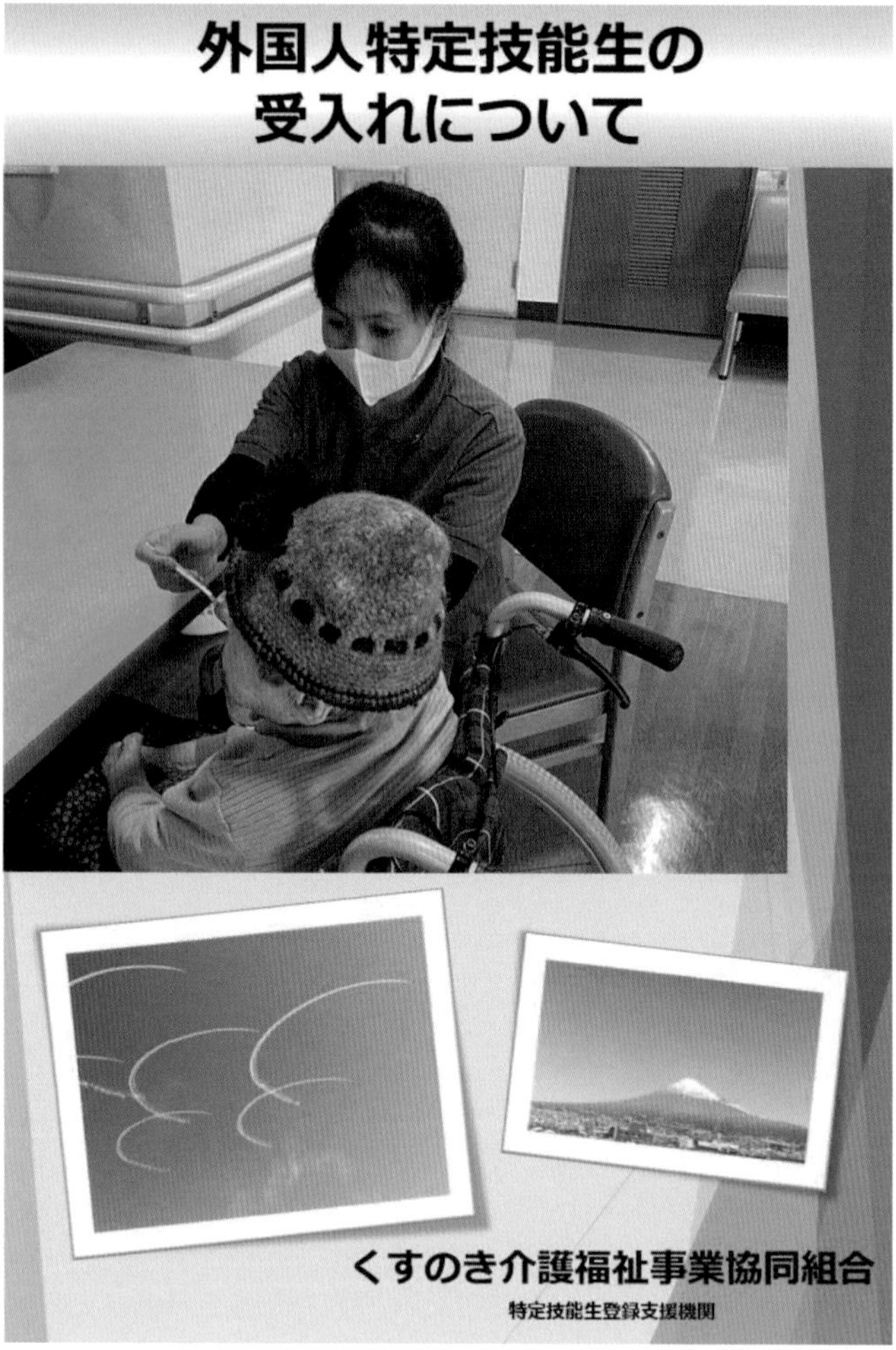
外国人特定技能生の
受入れについて
くすのき介護福祉事業協同組合
特定技能生登録支援機関

介護福祉士国家試験受験勉強会

懇親会

日本語研修会

## くすのき介護福祉事業協同組合（許可番号　中播（県）第1117-2号）

〒670-0912　兵庫県姫路市南町66番地　スマイルビル４Ｆ（姫路駅より徒歩４分）
TEL: 079-226-3020　／　FAX：079-226-3021
Email: kusunoki@kusunoki-kaigo.or.jp

ホームページ：http://kusunoki-kaigo.or.jp　くすのき介護福祉事業協同組合

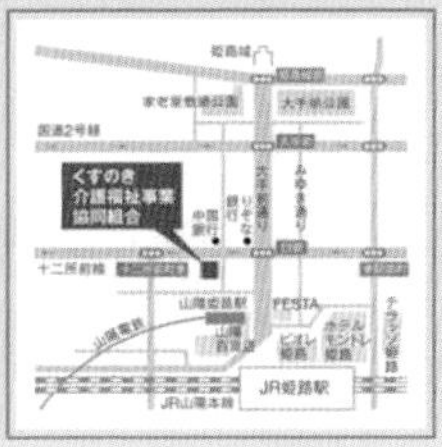


| | |
|---|---|
| 設立日 | 2018年6月29日 |
| 登録支援機関 登録日 | 2020年12月11日<br>登録番号：20登－005409 |
| 地域 | 特定技能生の登録支援業務：日本全国 |

## 給料等一覧表

| | EPA 生 | 技能実習生 | 特定技能生 | 留学生から介護専門学校卒業生 |
|---|---|---|---|---|
| 在留資格 | 「特定活動」 | 「技能実習 1 号・2 号」 | 「特定技能 1 号」 | 介護専門学校に在籍日本留学後介護専門学校から卒業生「介護」 |
| 給料 | 準社員<br>日本人の正社員と同額 | パート<br>時間給：ボーナス無し | 嘱託社員<br>月給制：ボーナス無し | 正社員<br>日本人の正社員と同額 |
| その他手当 | 日本人と同じ | 日本人パートと同じ<br>早出、遅出、土日手当、夜勤手当有り | 夜勤のみ有り<br>その他手当は無し | 日本人と同じ |
| ささゆり会の給料 | 183,000 円<br>（大学生と同じ）<br>ボーナス有り | 時間給　1,080 円<br>1,080 円×173 時間＝186,840 円<br>プラス早出・遅出手当 | 200,000 円<br>基本給<br>190,000 円<br>特定処遇改善<br>5,000 円<br>ベースアップ支援補助金<br>5,000 円 | 180,000 円<br>（介護専門学校卒と同じ）ボーナス有り |
| 家賃（法人補助有り）<br>本人負担分 | 15,000 ～<br>20,000 円 | 15,000 ～<br>20,000 円 | 15,000 ～<br>20,000 円 | 本人が賃借する姫路は月額約 40,000 円ぐらい<br>（全額本人負担住宅法人からの手当1万円有り） |
| 電気・ガス・水道<br>本人負担 | 10,000 ～<br>15,000 円 | 10,000 ～<br>15,000 円 | 10,000 ～<br>15,000 円 | 10,000 ～<br>15,000 円 |
| 食材料費<br>本人負担 | 20,000 ～<br>25,000 円 | 20,000 ～<br>25,000 円 | 20,000 ～<br>25,000 円 | 20,000 ～<br>25,000 円 |
| Wi-Fi　本人負担 | 1,300 円 | 1,300 円 | 1,300 円 | 5,000 円 |
| 残業なし・税金・保険料・食材料費・家賃等をすべて引いて母国へ送れる金額 | 140,000 円／月以上 | 100,000 円／月以上 | 100,000 円／月以上 | 100,000 円／月以上 |

## *63* 参考資料

### 法人負担額

| | |
|---|---|
| EPA 生 | ・183,000 円×15 ヶ月＝2,745,000 円／年…①<br>約 150,000 円／1 人を国際厚生事業団へ支払いして学習支援の補助金として国からもらえる…②<br>・家賃の補助　15,000 円×12 ヶ月＝180,000 円／年…③<br>・電化製品　250,000 円÷5 年＝50,000 円…④<br>・日本語講習（千葉県 1 ヶ月）＝280,000 円（1 回限り）<br>・介護導入の研修（1 ヶ月）　＝108,000 円（1 回限り）<br>・A 国の送り出し手数料　＝50,000 円<br>・その他手数料　＝49,500 円<br>} 計 487,500 円　487,500÷5 年＝97,500／年……⑤<br>・ささゆり会退職金規定による退職金　96,000 円／年…⑥　※夜勤手当含まず<br>①＋②＋③＋④＋⑤＋⑥＝3,318,500 円 |
| 技能実習生 | ・1,080 円×173 時間＝186,840 円<br>186,840 円×12 ヶ月＝2,242,080 円…①<br>・家賃補助　15,000 円×12 ヶ月＝180,000 円／年…②<br>・くすのき監理料　20,000 円×12 ヶ月＝ 240,000 円…③<br>※今年の 6 月迄は監理料 4 万円でした<br>・入国後 1 ヶ月講習等　180,000 円÷5 年＝36,000 円…④<br>（1 回限り）<br>・日本語の勉強　5,000 円×12 ヶ月＝60,000 円／年<br>テキストその他　5,000 円＝5,000 円／年<br>} …⑤<br>・外国の機関への手数料<br>200,000 円÷5 年＝40,000 円…⑥<br>・飛行機代金　100,000 円÷5 年＝20,000 円…⑦<br>・毎月の外国機関への支払い<br>8,000 円×12 ヶ月＝96,000 円…⑧<br>・電化製品　250,000 円÷ 5 年＝50,000 円…⑨　※早出・遅出手当含まず<br>☆健康診断　10,230 円（1 回限り）…⑩　※夜勤手当含まず<br>・病気の保険　25,000÷5 年＝5,000 円…⑪<br>①＋②＋③＋④＋⑤＋⑥＋⑦＋⑧＋⑨＋⑩＋⑪＝2,984,310 円 |
| 特定技能生 | ・200,000 円×12 ヶ月＝2,400,000 円…①<br>・家賃補助　15,000 円×12 ヶ月＝180,000 円／年…②<br>・くすのき登録支援機関<br>20,000 円×12 ヶ月＝240,000 円／年…③<br>・最初の申請手続き　60,000 円÷5 年＝12,000 円／年…④<br>・日本語の勉強　5,000 円×12 ヶ月＝60,000 円／年<br>テキストその他　5,000 円＝5,000 円／年<br>} …⑤<br>・外国の機関への支払い<br>660,000 円÷5 年＝132,000 円…⑥<br>・電化製品　250,000 円÷5 年＝50,000 円…⑦<br>☆健康診断　10,230 円（1 回限り）…⑧<br>・病気の保険　25,000÷5 年＝5,000 円…⑨　※夜勤手当含まず<br>①＋②＋③＋④＋⑤＋⑥＋⑦＋⑧＋⑨＝3,094,230 円 |
| 留学生 | ・介護専門学校へ通う費用 120 万円は奨学金として貸付け、ただし、5 年間働けば免除します。<br>・介護専門学校卒業後は、正社員として働きます。<br>・兵庫県社協から奨学金として 168 万円を本人が借り入れ、兵庫県の介護施設で 5 年働けば返済なし |

※ 5 年間の滞在で計算していますので 3 年で帰国すればもっと高くなります。
※技能実習生の早出･遅出手当を含めれば、技能実習生と特定技能生の給料はほぼ同額となります。

# 雇用契約書（嘱託職員）

下記のとおり労働条件を明示し承諾欄への記名をもって、雇用契約が成立するものとします。
本契約の成立を証するために本書２通を作成し、法人、職員両者記名押捺の上、各々１通を保有するものとします。

<table>
<tr><td>氏　名</td><td colspan="4"></td></tr>
<tr><td>契約期間</td><td colspan="4">期間の定めあり（令和 年 月 日 ～ 令和 年 月 日）</td></tr>
<tr><td>就業の場所</td><td colspan="4"></td></tr>
<tr><td>業務内容</td><td colspan="4">介護職</td></tr>
<tr><td>始業・終業の時刻及び休憩時間所定労働時間</td><td colspan="4">①　（8 時 00 分）～（17 時 00 分）・（10 時 00 分）～（19 時 00 分）<br>（13 時 00 分）～（22 時 00 分）・（22 時 00 分）～（翌 7 時 00 分）<br>休憩時間（ 60 分間）（勤務割表による。）<br>②　週所定労働時間（40 時間 00 分）<br>③　所定労働時間外労働の有無（ 有（○印） 無 ）</td></tr>
<tr><td>休　日</td><td colspan="4">勤務割表による</td></tr>
<tr><td>休　暇</td><td colspan="4">嘱託・契約職員就業規則第 44 条～第 52 条の定めによる。</td></tr>
<tr><td rowspan="9">賃　金</td><td>基本給</td><td colspan="3">月給　（　190,000 円 ）</td></tr>
<tr><td>諸手当</td><td colspan="3">①　通勤手当（就業規則・給与規程による）<br>②　特定処遇改善手当　（　5,000 円／月 ）<br>③　ベースアップ補助金（　5,000 円／月 ）<br>④　夜勤手当（　4,000 円／回 ）</td></tr>
<tr><td>所定外割増率</td><td colspan="3">・法定時間外勤務　25%　・法定休日勤務　35%<br>・深夜勤務　25%</td></tr>
<tr><td>締切日</td><td>当月１日より末日</td><td>支払日</td><td>翌月 20 日</td></tr>
<tr><td>支払方法</td><td colspan="3">預金口座へ振り込み</td></tr>
<tr><td>昇給</td><td colspan="3">嘱託給与規程第７条の定めにより、業績に応じて行う場合がある</td></tr>
<tr><td>賞与</td><td colspan="3">原則として支給しない</td></tr>
<tr><td>退職金</td><td colspan="3">原則として支給しない</td></tr>
<tr><td colspan="4"></td></tr>
<tr><td>退職及び雇用契約の上限年齢等に関する事項</td><td colspan="4">①　自己都合退職の手続（退職希望日の１ヶ月以上前に届出ること。）<br>②　解雇の事由（嘱託・契約職員就業規則第 16 条、第 66 条の定めによる。）</td></tr>
<tr><td>社会保険の加入状況</td><td colspan="4">健康保険（介護保険）・厚生年金・労災保険・雇用保険（各○印）<br>※　週所定労働時間によっては対象とならない場合もあります。</td></tr>
<tr><td>契約更新の有無</td><td colspan="4">①　契約は自動的に更新する　②（○印）更新する場合があり得る<br>③　契約を更新することはない</td></tr>
<tr><td>更新の判断次の４項目の基準すべてにつき行う</td><td colspan="4">①　契約期間終了時の業務の有無、又は業務量により判断する。<br>②　本人の職務能力、勤務成績、勤務態度、健康状態により判断する。<br>③　事業所の経営内容、経営悪化又は大量の業務消滅等により判断する。<br>④　従事している業務の進捗状況により判断する。</td></tr>
<tr><td>その他</td><td colspan="4">雇用管理の改善等に関する事項に係る相談窓口<br>事務所 人事担当者（連絡先：外線 291-6666、内線 109）</td></tr>
</table>

（注）本書の他、社会福祉法人ささゆり会嘱託・契約職員就業規則の定めに従うものとします。規則が改定された時は改定された規則に従うものとします。

（職員承諾欄）
上記労働条件により雇用されることを承諾します。
令和　　年　　月　　日
職員氏名　　　　　　　　　　㊞
住所
電話番号

※シャチハタ不可

この事業への参画、お問い合わせについては次のところにご連絡ください

・くすのき介護福祉事業協同組合

〒670－0912

姫路市南町66　スマイルビル4階

☎079－226－3020

・NPO法人福祉サービス経営調査会

〒670－0992

姫路市福沢町115　サンライフさくらひめじ4F

☎079－291－6502

・社会福祉法人ささゆり会

〒670－0072

姫路市御立東5－1－1

☎079－291－6666

■登壇者

笹山　周作　（ささやま　しゅうさく）

昭和27年1月　兵庫県生まれ
昭和49年3月　龍谷大学卒
　　　　　　　司法書士資格取得
　　　　　　　富士株式会社代表取締役
平成7年12月　社会福祉法人ささゆり会を設立 現在は理事長
平成25年10月　ＮＰＯ法人福祉サービス経営調査会設立に参加　現在は理事長

■編集者

塚口　伍喜夫　（つかぐち　いきお）

昭和12年10月　兵庫県生まれ
昭和33年3月　中部社会事業短期大学卒
昭和33年4月　日本福祉大学編入学
昭和33年8月　同上中途退学
昭和33年9月　兵庫県社会福祉協議会入職
　　　　　　　その後、社会福祉部長、総務部長、事務局長、兵庫県社会福祉協議会理事、
　　　　　　　兵庫県共同募金会副会長を歴任
平成11年4月　九州保健福祉大学助教授・教授・同大学院教授
平成17年4月　流通科学大学教授・社会福祉学科長
平成25年10月　ＮＰＯ法人福祉サービス経営調査会理事長、その後顧問

平成26年10月　社会福祉法人ささゆり会理事長、その後顧問、現在に至る

---

**野嶋　納美（のじま　なつみ）**

昭和13年6月　鳥取県生まれ
昭和36年3月　国立埼玉大学経済短期大学部卒業
昭和39年4月　兵庫県職員
民生部北但福祉事務所長、障害福祉課長
兵庫県社会福祉事業団常務理事等を歴任
平成11年4月　日本赤十字社兵庫県支部血液センター事務部長
平成15年4月　社会福祉法人のじぎく福祉会事務局長
平成25年10月　ＮＰＯ法人福祉サービス経営調査会事務局長・常務理事、副理事長
平成28年6月　社会福祉法人ささゆり会評議員、その後理事現在に至る

# 急ごう介護の国際化を
## — 笹山周作の果敢な挑戦 —

2023 年 4 月 20 日　初版第 1 刷発行

■編 集 者——塚口伍喜夫・野嶋納美
■登 壇 者——笹山周作
■発 行 者——佐藤　守
■発 行 所——株式会社 大学教育出版
〒 700-0953　岡山市南区西市 855-4
電話（086）244-1268　FAX（086）246-0294
■印刷製本——モリモト印刷 ㈱


本書に関するご意見・ご感想を右記サイトまでお寄せください。

ISBN978 − 4 − 86692 − 248 − 5